In Zeiten der Krankheit

Es fällt mir als Gesundem schwer, dich in deiner Krankheit anzusprechen. Ich war zwar auch schon öfter krank und im Krankenhaus. Aber ich habe noch keine lebensbedrohliche Krankheit mitgemacht. Ich kann nicht sagen, wie ich mit deiner Krankheit zurechtkommen würde, ob mir das, was ich dir nun zuspreche, wirklich helfen würde. Ich weiß nicht, welche Krankheit du hast, wie schwer sie dich getroffen hat. Ich möchte dich einladen, über dein Leben und dein Kranksein nachzudenken. Ich möchte etwas von dem, wie ich Krankheit als eine Aufforderung zu Veränderungen in meinem Leben erfahren habe, mit dir teilen.

Es kann sein, dass manche Gedanken für dich nicht zutreffen, weil du in einer anderen Situation bist. Es kann sein, dass manche Worte dich verletzen, weil sie dir nicht gerecht werden. Ich möchte dich nicht verletzen. Welchem Gesunden wird es gelingen, sich ganz in deine Situation hineinzuversetzen? Ich kann dir nur sagen, was mir in der Krankheit geholfen hat, wie ich selber mit einer Krankheit umgehe und umgehen möchte. Ob ich dann als Kranker meine eigenen Worte beherzigen kann, weiß ich nicht. Ich hoffe darauf.

Wenn dir manche Gedanken als zu fromm erscheinen, dann traue deinem Gefühl. Erlaube dir deinen inneren Widerspruch und horche auf das Echo, das meine Worte in dir auslösen.

Ich werde immer wieder von dem sprechen, was meinen Glauben ausmacht. Glauben meint dann nicht, irgendwelche Dinge einfach für wahr zu halten. Es meint in erster Linie, dass ich mein Vertrauen auf Gott setze, der mich trägt und hält, der mich annimmt, wie ich bin, der mich führt und für mich sorgt. Glaube ist nicht ein naives Vertrauen, dass mir nie ein Unglück geschehen könnte. Es ist die Gewissheit, dass meinem Kern nichts zustoßen kann, dass mein innerster Kern unversehrt bleibt, dass ich als Person nie aus der liebenden Hand Gottes fallen werde – auch in lebensbedrohender Krankheit nicht. Niemand wünscht sich, krank zu sein. Viel eher rebellieren wir gegen die Beeinträchtigung unserer Gesundheit und fragen nach dem Grund für die Krankheit. Ich möchte dich ermutigen, auch der Anklage und dem Zorn in dir Raum zu geben, auch der Rebellion gegen Gott. Vielleicht brauchst du jetzt gerade den Widerstand, und es wäre noch zu früh, die Krankheit anzunehmen und dich damit auszusöhnen.

Nimm meine Worte an und spüre, ob sie dich treffen oder nicht. Wenn sie an dir vorbeigehen, dann überlege, was du dir selbst zusprechen möchtest, was für dich in deiner konkreten Krankheit stimmt und was dir hilft, damit umzugehen. Ich wünsche dir, dass dich meine Worte anrühren, dass sie dich herausfordern, deinen ganz persönlichen Weg zu finden, deine Krankheit anzunehmen und sie als Chance zu sehen, tiefer in das Geheimnis deines eigenen Lebens und in das Geheimnis Gottes einzudringen.

Krankheit als Schlüssel

Die Krankheit hat dich aus deinem gewohnten Leben herausgerissen. Vielleicht hast du schon lange geahnt, dass du nicht mehr so gesund bist, wie du es dir immer vorgestellt hast. Vielleicht hat dich die Krankheit auch wie aus heiterem Himmel getroffen, von einem Augenblick zum andern. Dann war es doppelt schwer, die Krankheit anzunehmen.

Du sagst dir immer wieder: Ich habe doch noch so viel zu tun. Die Termine stehen schon alle. Und jetzt diese Krankheit. Sie wirft alle meine Pläne über den Haufen. Muss das sein? Ich habe doch versucht, vernünftig zu leben. Ich habe nicht übertrieben mit der Arbeit. Ich habe mich gesund ernährt. Und trotzdem bin ich krank geworden. Was will Gott mir damit sagen? Warum hat er mir einen Strich durch die Rechnung gemacht?

Ich verstehe deine Rebellion gegen die Krankheit. Du willst ja gesund sein. Du willst dich dem Leben stellen. Du hast noch so viel zu tun. Du möchtest die Menschen in deiner Umgebung nicht enttäuschen und ihnen nicht zur Last fallen. Du möchtest weiter für sie die Verantwortung tragen. Aber jetzt geht es nicht mehr. Jetzt musst du umdenken.

Versuche, die Krankheit als Chance zu sehen. Halte inne und überlege, wie dein Leben in der letzten Zeit war. Wo hast du dich überfordert? Was hast du alles heruntergeschluckt? Du hattest keine Zeit, über manches, was dich bewegt, zu sprechen. Was kommt in dir hoch, wenn du die letzten Wochen und Monate überdenkst? War alles stimmig oder gärte unter der Oberfläche doch etwas in dir, was du nicht wahrhaben wolltest?

Der französische Schriftsteller André Gide versteht die Krankheit als Schlüssel zum wahren Menschsein. Aus eigener Erfahrung heraus schreibt er:

> »Ich glaube, dass Krankheiten Schlüssel sind, die uns gewisse Tore öffnen können. Ich glaube, es gibt gewisse Tore, die einzig die Krankheit öffnen kann. Es gibt jedenfalls einen Gesundheitszustand, der uns nicht erlaubt, alles zu verstehen. Vielleicht verschließt uns die Krankheit einige Wahrheiten, ebenso aber verschließt uns die Gesundheit andere.«

Nimm deine Krankheit als Schlüssel. Vielleicht schließt sie dir wichtige Kammern deines inneren Lebenshauses auf, die dir bisher verschlossen waren, in denen du noch nie gewesen bist. Auch diese Räume gehören zu dir. Du kannst darin Schätze entdecken, die dir bisher verborgen waren. In einem Zimmer ist vielleicht der Schatz der Geduld, in einem andern findest du Weisheit, in einem dritten Liebe. Die Krankheit will dir die Räume aufschließen, die du bei der Hektik deines Alltags übergehst. Sie sind genauso wichtig wie die Räume, in denen du normalerweise lebst. Geh in diesen Tagen der Krankheit auf Entdeckungsreise. Erkunde dein Lebenshaus und verweile bewusst in den Räumen, die dir bisher unbekannt waren. Dann wirst du erkennen, was in dir steckt und was zum Reichtum und zur Vielfalt deines Lebens gehört.

Krankheit als Chance

Manche fragen sich bei einer Krankheit, was sie verkehrt gemacht haben. Aber diese Frage hilft uns nicht weiter. Sie erzeugt in uns nur Schuldgefühle, als ob wir selbst an der Krankheit schuld seien. Schuldgefühle führen nicht zur Heilung, sondern lähmen uns nur. Statt in die Vergangenheit zu schauen und nach Ursachen für deine Krankheit zu suchen, solltest du dich lieber fragen, was dir die Krankheit sagen möchte, was der Sinn dieser Krankheit sein könnte und wohin sie dich führen will.

Es gibt ein schönes Märchen, das dir helfen kann, deine Krankheit als Chance zu verstehen. »Ein Schweizer Graf schickt seinen Sohn zu einem Meister in eine fremde Stadt, damit er von ihm das Leben lerne. Nach einem Jahr kommt der Sohn zurück. Auf die Frage, was er denn gelernt habe, antwortet er, er habe die Sprache der bellenden Hunde gelernt. Der Vater ist wütend und schickt ihn zu einem anderen Meister. Dort lernt er die Sprache der Frösche und bei einem dritten die Sprache der Vögel. Voller Zorn befiehlt der Vater seinen Dienern, den Sohn zu töten. Doch der kann entfliehen. Auf seiner Wanderung kommt er in eine Burg. Dort möchte er gerne übernachten. Der Burgherr kann ihm nur den Turm anbieten, in dem wilde bellende Hunde hausen, die schon manchen zerrissen haben. Aber der junge Mann hat keine Angst vor ihnen. Er kennt ja ihre Sprache. So unterhält er sich freundlich mit ihnen. Sie verraten ihm, dass sie nur deshalb so wild bellen, weil sie einen Schatz hüten. Sie zeigen ihm den Schatz und helfen ihm, ihn auszugraben. Dann verschwinden sie und das Land ist in Frieden.«

Deine Krankheit könnte so ein bellender Hund sein, der den Schatz in dir hütet. Vielleicht hast du den Schatz in dir übersehen. Der Schatz, das ist dein wahres Selbst, das ist das unverfälschte Bild, das Gott sich von dir gemacht hat. Wo hast du an diesem Schatz vorbeigelebt? Solltest du sogar dankbar sein, dass dein Leib rebelliert, dass die Hunde in dir bellen? Sie wollen dich darauf aufmerksam machen, dass in dir noch ein anderes Bild ist als das, was du nach außen hin lebst. Du wirst die Sprache der bellenden Hunde nicht sofort verstehen. Aber wenn du dich geduldig hineinhörst in die Sprache deiner Krankheit, dann wirst du den Schatz in dir entdecken, dein wahres Selbst, deinen unverfälschten Kern, der sich zu Wort meldet, um aufs neue beachtet zu werden. Keiner von uns ist immer in Berührung mit seinem innersten Kern. Wir brauchen die bellenden Hunde, die uns darauf aufmerksam machen, dass wir an unserem Schatz vorbeileben. Sie laden uns dazu ein, stimmiger und authentischer zu leben.

Krankheit als Frage

Deine Krankheit zeigt dir, dass du nicht alles planen kannst. Dein Leben ist nicht allein von deinem Willen abhängig. Da ist noch ein anderer Wille. Es ist Gott, der deine Pläne durchkreuzt. Aber dieser Gott ist kein Willkürgott, der dir nichts gönnt. Er ist der Gott des Lebens, der dich das Geheimnis des Lebens lehrt. Was möchte dich deine Krankheit lehren? Vielleicht möchte sie dich lehren, bewusster und achtsamer zu leben und dich nicht ständig von außen bestimmen und treiben zu lassen. Die Krankheit zeigt dir, dass es nicht selbstverständlich ist, dass dein Leben gelingt. Dass du gesund bist, ist nicht dein verbrieftes Recht. Es ist immer ein Geschenk, wenn du gesund bist. So möchte dich die Krankheit dazu führen, das Geschenk deines Lebens dankbar anzunehmen und es bewusst zu erleben. Deine Zeit ist begrenzt. Daher sollst du sie auskosten.

Aber was soll mich eine Krankheit lehren, die so sinnlos erscheint, die vielleicht sogar zum Tode führen wird? So fragst du dich. Ich kann dir darauf keine billige Antwort geben. Ich vertraue und hoffe darauf, dass auch eine todbringende Krankheit mich zum Schatz führen wird, zum wahren Leben, zum ewigen Leben, wie Johannes es in seinem Evangelium versteht. Ewiges Leben meint hier schon eine neue Lebensqualität. Es ist ein Leben, in dem die Ewigkeit hineinragt in die Zeit, in dem Zeit und Ewigkeit in eins zusammenfallen. Angesichts des Todes möchte ich jeden Augenblick intensiver erleben, dem Geheimnis des Lebens nachspüren: Was heißt das, dass ich atme, dass ich spreche, fühle, liebe? Was macht das Leben aus? Ewiges Leben meint aber auch, dass mein Leben nicht zerbricht, wenn ich sterbe, sondern dass es in seiner ganzen Fülle aufgehen wird. Jede Krankheit stellt aufs Neue die Sinnfrage. Was hat es für einen Sinn, dass ich lebe? Was macht den Sinn des Lebens aus? Was macht meinen Wert aus? Besteht der Sinn meines Lebens darin, dass ich möglichst vielen geholfen habe? Nicht jedem ist es vergönnt, andern zu helfen. Und die Hilfe wird nicht ewig dauern. Was macht meinen Wert aus? Besteht er in meiner Leistung oder in der Anerkennung, die ich von Menschen erfahre? Von der Anerkennung allein kann ich nicht leben. Besteht der Sinn darin, dass ich geliebt werde? Die Liebe kann mein Leben verzaubern. Wenn ich mich geliebt fühle, spüre ich einen Sinn in meinem Leben. Aber ich fühle mich zugleich völlig abhängig von einem andern. Wenn ich mich nur dann wertvoll fühle, wenn ein anderer mich liebt, ist das gegen meine Würde. Der wahre Sinn meines Lebens besteht für mich darin, dass ich das einmalige Leben lebe, das Gott mir zugedacht hat, dass ich das Bild, das Gott sich von mir gemacht hat, in dieser Welt zum Leuchten bringe, dass ich Gott selbst in meiner Einmaligkeit zum Ausdruck bringe.

Welchen Aspekt von Gott möchtest du in dieser Welt aufleuchten lassen? Ist es die Barmherzigkeit, die Milde, die Klarheit, die Kraft oder ist es die

Sanftmut und Güte? Glaube daran, dass du für diese Welt wichtig bist, dass du eine einmalige Ausstrahlung hast. Darin liegt der Sinn deines Lebens, dass du dein eigenes Leben lebst und dass du auf deine einzigartige Weise Gott in dieser Welt aufstrahlen lässt.

Krankheit als Wechselbad der Gefühle

Vielleicht stürzt dich die Krankheit in ein Wechselbad der Gefühle. Viele Menschen erleben in ihrer Krankheit verschiedene Phasen. Die erste Phase ist die, dass sie die Krankheit nicht wahrnehmen möchten. Sie verdrängen sie einfach. Sie beschäftigen sich nur mit den medizinischen Fakten, ohne die Krankheit persönlich an sich herankommen zu lassen. Wenn das Verdrängen nicht mehr gelingt, geraten sie in eine Phase der Wut über diese Krankheit, die ausgerechnet jetzt kommen muss. Sie wehren sich mit allen Kräften dagegen. Andere reagieren dagegen mit Verzweiflung. Sie fallen in tiefe Depression, in einen dunklen Abgrund und resignieren. Oder sie suchen die Ursache ihrer Krankheit bei den Umständen, in die sie geraten sind, bei den Menschen, die sie so drangsaliert haben, bei den Ärzten, die manches versäumt haben. Sie wollen ihre Krankheit nicht anschauen, sondern weisen andern die Schuld an ihrer Krankheit zu.

Wenn nach all diesen Phasen die letzte Phase des Annehmens gelingt, dann findet der Kranke in sich einen tiefen inneren Frieden. Aber es ist nicht so leicht, sich mit seiner Krankheit auszusöhnen und sie zu akzeptieren. Man muss erst durch die Rebellion hindurch gegangen sein, um zu dieser versöhnten Annahme zu gelangen.

Eine ganz natürliche Reaktion auf die Krankheit ist auch die Frage: »Warum gerade ich?« Wenn es eine todbringende Krankheit ist, dann stellt sich die Frage: »Soll das alles gewesen sein? Warum muss mein Leben jetzt schon zu Ende gehen? Ich möchte doch noch so gerne leben.« Manche versuchen dann, mit Gott zu verhandeln. Manche bitten Gott, dass er ihnen wenigstens noch fünf oder zehn Jahre schenken möge, dass sie doch noch so lange leben dürfen, bis die Kinder alle aus dem Haus sind.

Jesus selbst kennt unsere Fragen und unsere Verhandlungsstrategien. Am Ölberg hat er eine ähnliche Erfahrung durchgemacht. Da muss er erkennen, dass es mit ihm zu Ende geht, dass er gegen die römischen Häscher keine Chance hat. Er wirft sich zu Boden und betet: »Mein Vater, wenn es möglich ist, gehe dieser Kelch an mir vorüber.« (Mt 26,39) Jesus möchte nicht leiden und in den Tod gehen. Er möchte leben wie wir alle. Aber Jesus ringt sich durch, dass nicht sein Wille, sondern Gottes Wille geschehe. Ob mir das jemals gelingen wird, mich so in den Willen Gottes hinein zu ergeben, wie es Jesus getan hat, kann ich nicht sagen. Aber auch Jesus ist am Kreuz mit der bohrenden Frage an seinen Vater gestorben: »Mein Gott, mein Gott, warum hast du mich verlassen?« (Mt 27,46) Das tröstet mich. Lukas deutet allerdings an, dass Jesus sich nach seiner Frage voll Vertrauen in Gottes Arme fallen ließ: »Vater, in deine Hände befehle ich meinen Geist.« (Lk 23,46) Ich hoffe, dass ich durch alle Zweifel und Fragen hindurch das Vertrauen erreiche, mit dem Jesus seinen Weg bis zuletzt gegangen ist.

Krankheit und Gebet

Ich kenne Menschen, die in ihrer Krankheit nicht mehr beten konnten. Zu schrecklich war für sie die Nachricht, dass sie unheilbar krank sind. In ihnen war nur noch Aufruhr und kein Gebet. Für sie galt nicht, dass Not beten lehrt. Sie sind in ihrer Not verstummt. Wenn du in deiner Krankheit betest, so wirst du wohl in erster Linie darum bitten, gesund zu werden, die Krankheit gut zu überstehen. Du möchtest gerne weiterleben. Und du möchtest deine Angehörigen und Freunde nicht in Trauer stürzen. Dein Wunsch, gesund zu werden, ist berechtigt, selbst wenn dir die Ärzte vielleicht wenig Hoffnung machen. Gib dich nicht auf! Kämpfe um dein Leben! Schreie zu Gott, dass du noch gerne weiterleben möchtest, dass die Menschen dich brauchen. Bitte Gott, dass Er das Unmögliche möglich macht, dass Er die Krankheit wendet und dich gesund wieder aufstehen lässt. All unser Gebet führt uns immer wieder auch an die Vaterunserbitte heran: »Dein Wille geschehe, wie im Himmel so auf Erden.« Wenn du darum bittest, dass Gottes Wille an dir geschehe, so soll das keine Resignation sein, keine Selbstaufgabe. Vielmehr soll darin das Vertrauen zum Ausdruck kommen, dass Gott alles zum Besten führt. Ich weiß, wie schwer es vielen Menschen fällt, zu beten: »Dein Wille geschehe.« Eine Frau, die Krebs hatte, konnte es jahrelang nicht beten. Doch nun, da sie den Krebs schon lange überwunden hat, betet sie diese Worte mit einem neuen Vertrauen.

Vielleicht wendest du ein: Wenn ich gesund werde, kann ich diese Vaterunserbitte auch gut beten. Aber wenn ich diese Krankheit nicht überwinde, was ist dann? Du sollst dich nicht dazu zwingen, diese Worte zu beten. Es genügt schon, wenn in dir eine Ahnung davon ist, dass dein Selbst auch durch die Krankheit nicht zerstört werden kann, dass es den Tod überdauert.

Mich hat immer das Gebet fasziniert, das drei Lübecker Kapläne vor ihrer Hinrichtung im Dritten Reich gebetet haben. Ich habe es oft meditiert und gebetet, die Hände zur Schale geöffnet, bis ich es innerlich nachvollziehen konnte:

Herr, hier sind meine Hände.
Lege hinein, was du willst.
Nimm hinweg, was du willst.
Führe mich, wohin du willst.
In allem geschehe dein Wille.

Welche Freiheit spricht aus diesen Worten und welches Vertrauen! Ich wünsche dir das Vertrauen dieser jungen Männer, die sich auch von den Nazischergen keine Angst vor dem Tod einjagen ließen, die erhobenen Hauptes durch das Tor des Todes geschritten sind, im Vertrauen, dass Gott sie auch dort noch führt, wo sie selbst nichts mehr tun können.

Krankheit und Klage

In deiner Krankheit wird dir viel Zeit geschenkt. Nutze die geschenkte Zeit! Überdenke dein Leben! Wie ist es bisher verlaufen? Kannst du dich aussöhnen mit allem, was war? Erinnere dich an die Augenblicke, in denen du voller Freude warst, in denen du ganz im Einklang warst mit dir, in denen du wolltest, dass die Zeit still steht und der Augenblick ewig dauert. Dort hast du das Geheimnis des Lebens gespürt. Dort war dir Gott nahe. Spürst du jetzt Gottes Nähe oder ist Er dir eher fern? Bist du enttäuscht von diesem Gott, dass Er dir diese Krankheit zumutet?

Sage Gott, wie du dich fühlst. Klage vor Ihm, wenn du nicht einsehen kannst, warum du krank geworden bist. Du darfst auch mit Gott hadern. Aber versuche dann im Klagen und Hadern hineinzuhorchen in die Stille. Vielleicht antwortet dir Gott, wie Er dem Hiob geantwortet hat. Gott hat dem Hiob keine Antwort auf seine Frage gegeben, warum ihn das Leid getroffen hat. Er hat ihm nur die Größe und Schönheit seiner Schöpfung gezeigt. Da hat sich Hiob angesichts der Unfassbarkeit Gottes in Gott hinein ergeben. Doch zwinge dich zu nichts! Traue deinen Gefühlen! Und wenn in dir noch Wut und Verzweiflung vorherrschen, so lass sie zu! Sprich sie aus! Vergrabe dich nicht in den Groll hinein! Wenn du aussprichst, was in dir ist, kann es sich auch wandeln. Und vielleicht steht am Ende ein neues Gottesbild und ein neues Verständnis für den unbegreiflichen Gott, der trotz allem Seine gute Hand über dich hält und dich in Seiner Hand trägt.

Wenn dich die Krankheit so aufwühlt, dass du nicht klar denken kannst, dass dir keine Gebetsworte über die Lippen kommen, dann kannst du es mit den Worten eines Psalms versuchen. Es gibt im Alten Testament den Psalm eines Kranken, in dem er sich aufbäumt gegen seine Krankheit und immer wieder von Neuem zu Gott schreit. Der Psalmist hat den Mut, Gott anzuklagen wegen seiner Krankheit. Er ist nicht bereit, sich sofort zu ergeben. Er klagt über sein Schicksal. Er wirft Gott vor, dass er ihn in diese Situation geführt hat. Und er schildert voller Schmerz seine Kraftlosigkeit. Vielleicht kannst du dich in seinen Worten wiederfinden. Vielleicht geben sie dir Mut, Gott gegenüber alle deine Gefühle auszudrücken, auch deine Wut und deine Angst, deine Vorwürfe und deine Anklagen.

»Mir schwären, mir eitern die Wunden.
Ich bin gekrümmt und tief gebeugt,
den ganzen Tag geh' ich traurig einher.
Denn meine Lenden sind voller Brand,
nichts blieb gesund an meinem Leib.
Kraftlos bin ich und ganz zerschlagen,
ich schreie in der Qual meines Herzens.
All mein Sehnen, Herr, liegt offen vor dir,
mein Seufzen ist dir nicht verborgen.
Mein Herz pocht heftig,
mich hat die Kraft verlassen,
geschwunden ist mir das Licht der Augen.
Herr, verlass mich nicht,
bleib mir nicht fern, mein Gott!
Eile mir zu Hilfe, Herr, du mein Heil!«
(Ps 38,6–11.22f)

Krankheit, Schmerzen und Neugeburt

Ich kenne deine Schmerzen nicht. Aber ich weiß, wie mörderisch sie sein können. Ich hoffe für dich, dass deine Schmerzen erträglich sind. Aber ich kenne es aus eigener Erfahrung, wie sie einen betäuben können. Man kann gar nicht mehr richtig denken. Man fühlt sich ohnmächtig, wund geschlagen, nur noch mit den Schmerzen beschäftigt. Es hilft dir nichts, wenn du dich dagegen aufbäumst. Natürlich sollst du die Medikamente einnehmen, die den Schmerz lindern. Aber wenn er immer noch da ist, kannst du einmal versuchen, dich in ihn hineinfallen zu lassen. Wenn du dich aussöhnst mit deinem Schmerz, kann er sich vielleicht wandeln. Die Schmerzen erinnern dich, dass du Mensch bist. Sie zeigen dir deine Hilflosigkeit und Ohnmacht. Aber vielleicht entdeckst du darin auch deinen unverwüstlichen Kern, der den Schmerzen trotzt, auch wenn sie noch so weh tun. In dir ist etwas Unzerstörbares. Die Schmerzen wollen dich zu deinem unzerstörbaren und unvergänglichen Kern führen. Sie zerbrechen alles Äußere, was du um dich herum aufgebaut hast, deine Masken und Rollen, deine Selbstsicherheit und Kraft, deinen Willen, alles zu kontrollieren. Aber sie wollen dich selbst nicht zerbrechen. Sie wollen dich zu dir und deinem wahren Selbst führen. Dort bist du heil. In dir ist ein Raum, zu dem die Schmerzen keinen Zutritt haben. Es ist der innere Raum der Stille, in dem Gott selbst in dir wohnt. Und in diesem Raum bist du ganz du selbst, unangefochten von den mörderischen Schmerzen. Ich wünsche dir, dass du mitten in deinen Schmerzen diesen Raum in dir entdeckst und dass du dort einen tiefen Frieden spürst, trotz aller äußeren und inneren Turbulenzen.

Die hl. Hildegard hat viel über Krankheit und Gesundheit geschrieben, über gesunde Ernährung und wohltuende Lebensweise. Dennoch ist sie immer wieder krank geworden. Sie hat die Krankheit jedes Mal als Chance erlebt, als Ort einer schmerzhaften Neugeburt. Sie wurde immer krank, wenn sich in ihr etwas Neues anbahnte, wenn sie einen Ruf spürte, ihn aber noch nicht verstand. Nach der Krankheit stand sie jedes Mal auf mit einer neuen Einsicht und einem neuen Auftrag. Sie meinte, die Kunst des Lebens würde darin bestehen, dass unsere Wunden zu Perlen verwandelt werden. Ich wünsche dir, dass deine Krankheit sich für dich zu einer Perle verwandelt, dass sie für dich etwas Kostbares wird, das dir neue Wege aufzeigt. Offensichtlich brauchen wir immer wieder einmal eine Krankheit, um unser Leben neu zu überdenken. Ich hatte gedacht, ich würde gut auf mich und meinen Leib hören. Aber dann rebellierte meine Schilddrüse und ich musste ins Krankenhaus. Da spürte ich, dass ich doch einige Signale überhört hatte. Ich wollte sie nicht hören, weil sie nicht in mein Lebenskonzept passten. Vielleicht will dich deine Krankheit auch etwas lehren, was du ohne sie nicht lernen würdest. Ich wünsche dir, dass du wie die hl. Hildegard neu geboren aufstehst, mit einer neuen Einsicht, einem klaren Auftrag, einer neuen Lebensqualität und einer heilenden Ausstrahlung.

Krankheit und »Aufopfern«

Ich kenne alte Menschen, die ihre Krankheit für ihre Kinder und Enkel aufopfern. Ich würde für mich selbst nicht den Begriff des »Aufopferns« benutzen, aber wie diese Menschen mit ihrer Krankheit umgehen, das fasziniert mich. Sie jammern nicht, sie bedauern sich nicht selbst. Sie nerven nicht andere, indem sie immer nur über sich und ihre Krankheitssymptome reden. Sie verwandeln ihre Krankheit, indem sie sie als Aufgabe verstehen, sie anzunehmen und sie zum Ort des Gebetes für andere zu machen. Sie glauben daran, dass ihre Krankheit zum Segen für andere werden kann, wenn sie sie in Geduld ertragen und sie in Gebet umformen.

Ich kenne andere alte und kranke Menschen, die während ihrer Krankheit für ihre Kinder und Enkel immer wieder den Rosenkranz beten. Auf diese Weise sind sie nicht mit sich selbst beschäftigt, sondern denken im Gebet an die vielen, die ihnen anvertraut sind. Wenn sie Schmerzen spüren, dann nehmen sie die Schmerzen als Gebet für die andern. Ihre Schmerzen werden zum Ausdruck ihrer Liebe zu den Menschen.

Die Krankheit und die Schmerzen so zu sehen, ist eine hohe Kunst. Ich weiß nicht, ob es mir einmal gelingen wird, meine Krankheit für andere auszuleiden. Aber ich weiß, dass die Menschen, die das vermögen, zu einer Quelle des Segens werden für ihre Umgebung. Wenn man sie bedauert, sagen sie: »Es gibt Schlimmeres als meine Krankheit. Hauptsache, ich kann noch klar denken. Und ich kann noch für meine Kinder beten. Mein Leben ist nicht sinnlos. Meine Kinder brauchen das Gebet.« Diese Menschen haben den Eindruck, dass sie selbst in ihrer Hilflosigkeit noch gebraucht werden. Denn beten können sie immer. Und sie glauben daran, dass das Gebet eines Kranken besonders wertvoll ist. Wer seine Krankheit zum Gebet macht, der wird darin Jesus Christus ähnlich, der ja für die frühe Kirche gerade am Kreuz der große Beter war. Als er selbst in größter Not war, ist er für uns zum Gebet geworden.

Der Evangelist Lukas legt Jesus am Kreuz die Worte von Psalm 31 in den Mund, die jeder fromme Jude täglich als Abendgebet sprach. Vielleicht kannst du diese Worte neu verstehen, wenn du sie gemeinsam mit Jesus sprichst, der am Kreuz mit dem Tod ringt und dennoch so beten kann:

»Zu dir, o Herr, flüchte ich,
lass mich doch niemals scheitern,
befreie mich in deiner Gerechtigkeit!
Neige dein Ohr mir zu,
eile doch, mich zu entreißen!
Sei mir ein Fels der Zuflucht,
eine feste Burg, die mich rettet.
Denn du bist mein Fels und meine Feste.
Um deines Namens willen
wirst du mich führen und leiten.
Du führst mich heraus aus dem Netz,
das sie mir heimlich legten;

denn du bist meine Zuflucht.
In deine Hände befehle ich meinen Geist.
Du hast mich erlöst, o Herr, du Gott der Treue.«
(Ps 31,2–6)

Krankheit und unsere Beziehungen

Du denkst in deiner Krankheit an deine Angehörigen. Sie machen sich Sorgen um dich. Du wolltest ihnen diese Sorgen ersparen. Aber du kannst ihnen die Realität nicht vorenthalten. Sie müssen sich damit aussöhnen, dass du ihnen nicht zur Verfügung stehst, dass du momentan nicht mehr kannst, dass du dich ausruhen musst. Deine Krankheit betrifft auch andere. Deine Angehörigen, deine Arbeitskollegen, deine Freunde müssen sich umstellen und darauf einrichten, dass sich auch ihr Leben durch deine Krankheit verändert. Versuche, nicht nur auf deine Krankheit zu schauen, sondern dich in die Angehörigen zu versetzen, sie zu fragen, wie es ihnen ergeht. Ich kenne kranke Menschen, zu denen andere kommen, weil sie sich von ihnen angenommen und verstanden fühlen. Sie haben ja auf ihrem Krankenbett viel Zeit. Die nutzen sie, sich ganz auf ihre Besucher einzulassen. Vielleicht haben deine Angehörigen Angst, du könntest diese Krankheit nicht überleben. Und du machst dir Vorwürfe, dass sie sich um dich ängstigen. Aber du kannst ihnen diese Gedanken und Gefühle nicht nehmen. Es ist ihre Aufgabe, sich mit deiner Krankheit auszusöhnen. Wenn du befürchtest, dass du sterben wirst, dann wäre es wichtig, dass du den Kontakt zu deinen Angehörigen bewusst wahrnimmst und ihnen das sagst, was du ihnen schon lange sagen wolltest, was du dir aber immer verboten hast, weil es dir zu persönlich erschien.

Wie willst du deinen Angehörigen begegnen, was möchtest du ihnen vermitteln? Lass es dankbar geschehen, dass sich deine Freunde um dich kümmern, dass dich so viele Menschen lieben. Sag den Menschen, die du liebst, was du in deinem Herzen für sie empfindest. Sag ihnen, was sie dir bedeuten. Dann erneuert deine Krankheit die Beziehung zu ihnen. Wage es aber auch auszusprechen, was dich stört, was du nicht mehr möchtest. Wenn dich ihre wohlmeinenden Ratschläge stören, wenn die langen Gespräche deine Kraft überschreiten, wenn du gerne wieder alleine wärst, dann sage es deinen Besuchern freundlich, aber bestimmt. Vielleicht hast du zu lange aus falscher Rücksicht toleriert, was dir gar nicht bekommt. Habe den Mut, zu sagen, was dich verletzt. Vielleicht sind die andern froh, endlich zu wissen, was du fühlst, was du möchtest und was nicht.

Vielleicht meinst du, jetzt, da du krank bist, kannst du nichts mehr für andere tun. Du musst dich von anderen Menschen umsorgen lassen, kommst dir vielleicht als Last für die andern vor. Aber wenn du deine Krankheit annimmst, dann kann an dem Ort, an dem du jetzt bist, ein Stück dieser Welt heiler und heller werden. Das zu verstehen, ist sicher nicht einfach. Aber es ist eine Menschheitsüberzeugung, dass diese Welt nicht nur aktiv gestaltet und geformt werden muss, sondern dass es in dieser Welt auch etwas gibt, das nur passiv ausgelitten werden kann. Nur so wird es verwandelt. Dieses Ausleiden ist ein Dienst für die Menschen. Vielleicht bleibt dir nur dieser Dienst. Aber er ist genauso wichtig wie jede aktive Aufgabe. Wenn du dich in diesem Dienst in der Gemeinschaft Jesu weißt, dann kannst du darauf vertrauen, dass auch durch deine Krankheit Heil in diese Welt kommen kann.

Krankheit und Heilung

Im Neuen Testament werden uns viele Heilungsgeschichten erzählt. Da begegnet Jesus Menschen, die von vielerlei Krankheiten geplagt werden. Vielleicht denkst du, diese Kranken hatten es gut. Sie erfuhren von Jesus das Wunder ihrer Heilung. Ich möchte nur eine einzige Heilungsgeschichte herausgreifen, die zeigt, was der Kranke selbst tun kann, um von Jesus geheilt zu werden. Im Markusevangelium wird von einem Blinden erzählt, der an der Straße von Jericho saß und bettelte:

»Als Jesus vorüberging, rief der Blinde laut: Sohn Davids, Jesus, hab Erbarmen mit mir! Viele wurden ärgerlich und befahlen ihm zu schweigen. Er aber schrie noch viel lauter: Sohn Davids, hab Erbarmen mit mir! Jesus blieb stehen und sagte: Ruft ihn her! Sie riefen den Blinden und sagten zu ihm: Hab nur Mut, steh auf, er ruft dich. Da warf er seinen Mantel weg, sprang auf und lief auf Jesus zu. Und Jesus fragte ihn: Was soll ich dir tun? Der Blinde antwortete: Rabbuni, ich möchte wieder sehen können. Da sagte Jesus zu ihm: Geh! Dein Glaube hat dir geholfen. Im gleichen Augenblick konnte er wieder sehen, und er folgte Jesus auf seinem Weg.« (Mk 10,47–52)

Diese Geschichte will dich einladen, genauso laut zu Jesus zu schreien, wie es dieser blinde Bettler getan hat. Du sollst dich selbst nicht aufgeben. Du hast das Recht, um Erbarmen zu schreien. Du wirst gehört, wenn du dich Jesus gegenüber bemerkbar machst. Das zweite, was der Blinde tut, ist, dass er seinen Mantel wegwirft, aufspringt und auf Jesus zugeht. Den Mantel wegwerfen, das heißt, dass du alle deine Masken und Rollen beiseite lassen musst. Du sollst dich so, wie du bist, nackt und bloß, Jesus hinhalten. Du darfst deine Angst zeigen, deine Hilflosigkeit, deine Ohnmacht. Du sollst dir keine Vorwürfe machen, wenn du kein Vertrauen hast. Erlaube dir, so zu sein, wie du bist. Aber stehe auf, mache dich auf den Weg! Gehe auf Jesus zu! Du bist nicht allein mit deiner Krankheit. Du hast einen, an den du dich wenden kannst.

Jesus fragt dich: »Was willst du, dass ich dir tun soll? Was ist deine tiefste Sehnsucht? Was willst du wirklich? Willst du einfach gesund werden? Oder willst du dein Leben ändern? Spürst du, dass du anders leben möchtest als zuvor?« Frage dich, was du in der Tiefe deines Herzens willst, was Jesus dir tun soll. Der Blinde weiß sofort, was er will. Er will wieder sehen können. In dieser Antwort steckt nicht nur der

Wunsch, wieder so zu werden, wie er vor der Krankheit war. Vielmehr möchte er wirklich sehend werden, er möchte die Wirklichkeit so sehen lernen, wie sie eigentlich ist, wie sie von Gott her ist. Er möchte seine Augen nicht mehr vor sich und seiner Wahrheit verschließen. Er möchte auch die blinden Flecken anschauen, die er so lange vor sich verborgen hat. Er möchte mit offenen Augen durch diese Welt gehen, mit Augen, die die Schönheit Gottes wahrnehmen, mit Augen, die das Gute im Menschen sehen, mit Augen, die Gott in allem schauen.

Jesus sagt zu dem Blinden: »Geh! Dein Glaube hat dir geholfen.« Wenn du glaubst, siehst du jetzt schon mit anderen Augen auf dein Leben und auf diese Welt. Die Krankheit will dich lehren, mit neuen Augen zu sehen. Wenn du deine Blindheit aufgibst und sehen lernst, dann bist du jetzt schon heil und gesund, ganz gleich ob du nun von deiner Krankheit geheilt wirst oder nicht. Ich wünsche dir, dass du in der Begegnung mit Jesus das Geheimnis in allen Dingen sehen lernst.

Gebet in Zeiten der Krankheit

Ich möchte für dich und an deiner Stelle ein Gebet sprechen. Vielleicht kannst du die Worte innerlich mitsprechen. Vielleicht bleiben sie dir auch fremd. Dann versuche, sie einfach an dich heranzulassen. Aber vertraue deinem eigenen Gefühl, wenn manche Worte für dich nicht stimmen. Dann kannst du sie eben jetzt in deiner Situation nicht beten. Das darf auch sein. Du sollst ich nicht zum Gebet zwingen.

Barmherziger und guter Gott,
du allein weißt, wie es wirklich um mich steht. Du kennst mein Klagen, meine Rebellion. Und du kennst meine Sehnsucht nach Heilung. Ich möchte wieder gesund werden. Ich möchte den Geschmack wirklichen Lebens wieder schmecken. Ich möchte mit meinen Angehörigen noch viele schöne Stunden erleben. Ich habe noch soviel vor. Schau auf mich und meine Sehnsucht. Heile mich. Richte mich wieder auf! Sende mir deine heiligen Engel, dass sie sich um mich stellen, dass sie mich behüten und vor allem Unheil schützen. Durchdringe meinen Leib mit deinem Heiligen Geist. Lass deinen heiligen und heilenden Geist in alle Poren meines

Leibes strömen und alles Kranke aus mir vertreiben. Erfülle mich mit deinem Leben. Nimm mir meine Angst, meine Unruhe, meine Beklommenheit. Erfülle mich mit deinem Vertrauen, dass ich mich in deiner guten Hand weiß, von dir getragen und geschützt. Schenke mir inneren Frieden, Versöhnung mit allem, was war. Stärke mich in meiner Krankheit, dass ich durch sie hindurch zu dir finde, dem Ziel meiner Sehnsucht.
Amen.

Ein Segen für dich

Der Herr segne und behüte dich.
Der Herr lasse sein Angesicht über dir leuchten
und schenke dir seinen Frieden.
Er sei in dir als Licht,
das alle Dunkelheit in dir erhellt.
Er sei in dir als die Kraft,
die deine Schwäche verwandelt.
Er sei in dir als der Trost,
der dich tröstet, der zu dir steht,
der dir Halt gibt in deiner Unsicherheit.
Er sei in dir als die Quelle der Liebe,

die nie versiegt.
Er sei vor dir als der Schild,
der dich vor allem Unheil bewahrt.
Er sei hinter dir als der Vater,
der dir den Rücken stärkt.
Er sei unter dir als die Hand,
die dich trägt.
Er sei über dir als ein schützendes Dach,
das alles Bedrohliche von dir abhält.
Er sei in deiner Schwäche und in deiner Kraft,
in deiner Ohnmacht und in deiner Hoffnung.
Er sei mit dir, wohin dein Weg auch geht.
Er begleite dich auf deinen Wegen.
Er durchdringe dein Herz
mit seiner zärtlichen Liebe.
Das gewähre dir der barmherzige und gute Gott,
der Vater, der Sohn und der Heilige Geist.
Amen.